Impressum
Verlag: BABADADA GmbH, Nedderfeld 112 , 22529 Hamburg
Geschäftsführer / Verlagsleitung: Harald Hof
Druck: Books on Demand GmbH, In de Tarpen 42, 22848 Norderstedt

Imprint
Publisher: BABADADA GmbH, Nedderfeld 112 , 22529 Hamburg, Germany
Managing Director / Publishing direction: Harald Hof
Print: Books on Demand GmbH, In de Tarpen 42, 22848 Norderstedt

1

okul
iskola

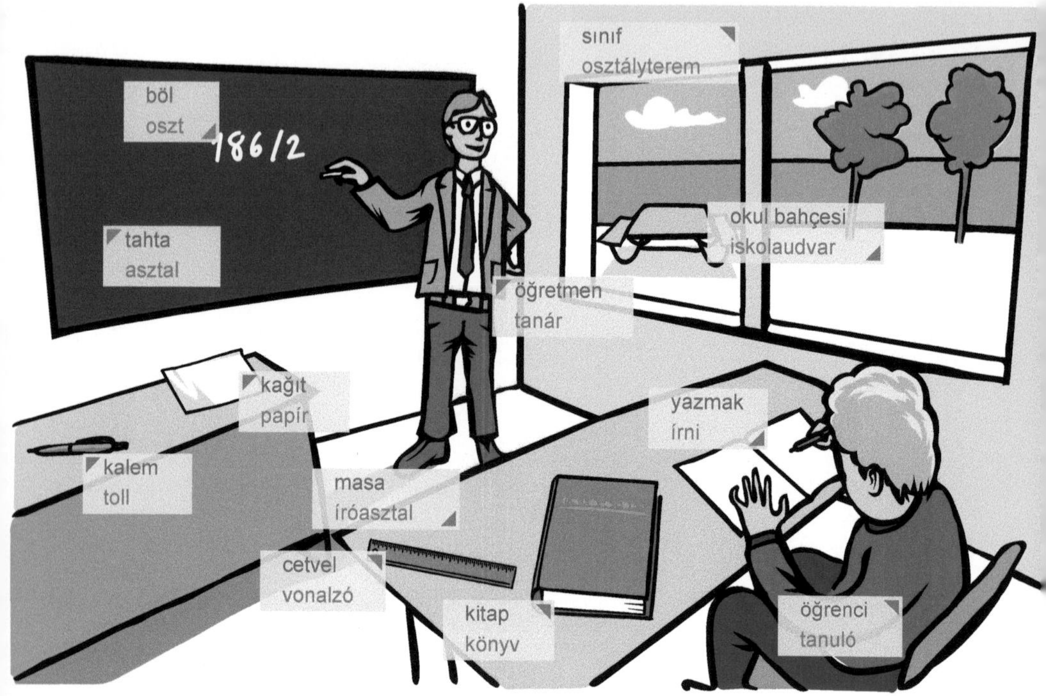

sınıf
osztályterem
böl
oszt
186/2
tahta
asztal
okul bahçesi
iskolaudvar
öğretmen
tanár
kağıt
papír
yazmak
írni
kalem
toll
masa
íróasztal
cetvel
vonalzó
kitap
könyv
öğrenci
tanuló

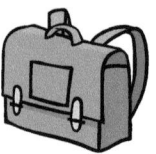

okul çantası
iskolatáska

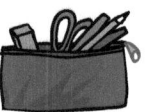

kalemlik
tolltartó

kurşun kalem
ceruza

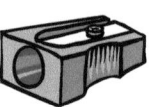

kalem açacağı
ceruzahegyező

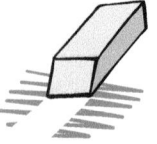

silgi
radír

çizim defteri
rajzfüzet

çizim

rajz

resim fırçası

ecset

boya kutusu

festőkészlet

makas

olló

tutkal

ragasztó

alıştırma kitabı

munkafüzet

ödev

házi feladat

12

sayı

szám

2+2

ekle

összead

5-2

çıkar

kivon

2×2

çarp

szoroz

hesapla

számol

A

harf

betű

ABCDEFG HIJKLMN OPQRSTU VWXYZ

alfabe

ABC

hello

kelime

szó

metin
....
szöveg

okumak
....
olvasni

tebeşir
....
kréta

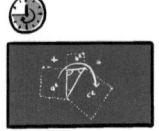

ders
....
tanóra

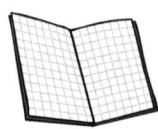

kayıt
....
napló

sınav
....
vizsga

sertifika
....
bizonyítvány

okul forması
....
iskolai egyenruha

eğitim
....
oktatás

ansiklopedi
....
enciklopédia

üniversite
....
egyetem

mikroskop
....
mikroszkóp

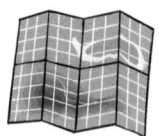

harita
....
térkép

kağıt çöp kutusu
....
papír-hulladék gyűjtő

seyahat
utazás

otel
hotel
pansiyon
szállás
ROOMS
Grand
döviz bürosu
valutaváltó iroda
CHANGE
bavul
bőrönd
otomobil
autó

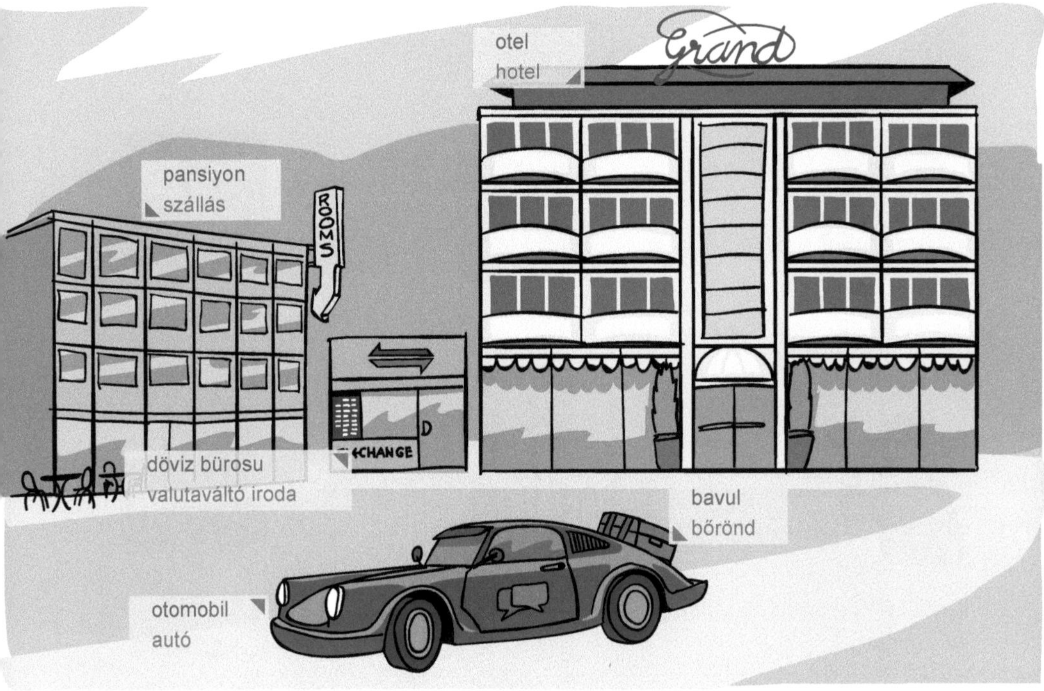

dil
nyelv

evet / hayır
igen/nem

Tamam
rendben

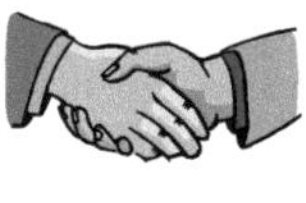

merhaba
szia

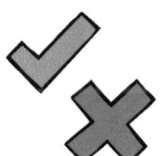

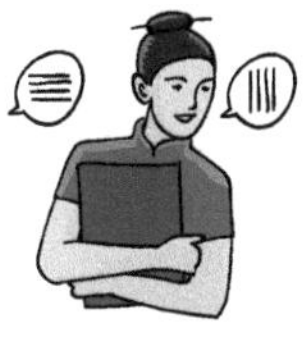

çevirmen
fordító

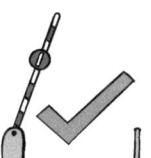

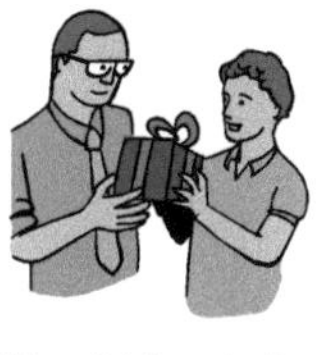

Teşekkür ederim
köszönöm

bu ... ne kadar?

mennyibe kerül...?

anlamadım

nem értem

problem

probléma

İyi akşamlar!

Jó estét!

Günaydın!

jó reggelt!

İyi geceler!

jó éjszakát!

güle güle

viszontlátásra

yön

útirány

bagaj

poggyász

çanta

táska

sırt çantası

hátizsák

misafir

vendég

oda

szoba

uyku tulumu

hálózsák

çadır

sátor

turist danışma

turista információ

sahil

strand

kredi kartı

hitelkártya

kahvaltı

reggeli

öğle yemeği

ebéd

akşam yemeği

vacsora

Bilet

jegy

asansör

lift

pul

bélyeg

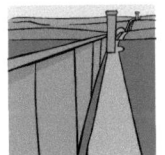

sınır

határ

gümrük

vám

elçilik

nagykövetség

vize

vízum

pasaport

útlevél

ulaşım
közlekedés

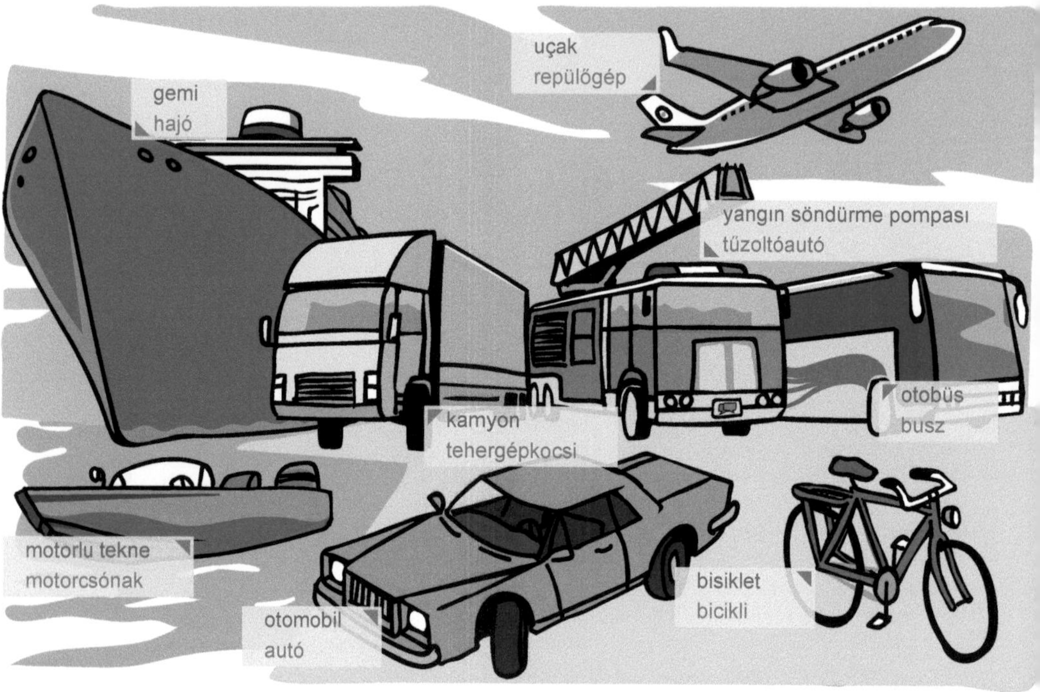

uçak
repülőgép
gemi
hajó
yangın söndürme pompası
tűzoltóautó
otobüs
busz
kamyon
tehergépkocsi
motorlu tekne
motorcsónak
bisiklet
bicikli
otomobil
autó

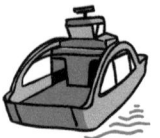

feribot

komp

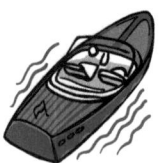

bot

csónak

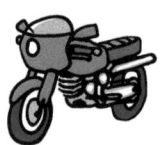

motosiklet

motorkerékpár

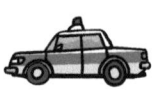

polis arabası

rendőrautó

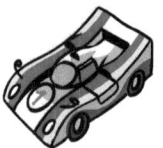

yarış arabası

versenyautó

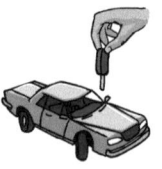

kiralık araba

bérautó

ortak araba

telekocsi

çekici

vontató

çöp kamyonu

szemetes autó

motor

motor

yakıt

üzemanyag

benzinlik

benzinkút

trafik işareti

közlekedési tábla

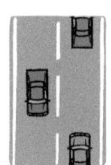

trafik

forgalom

trafik sıkışıklığı

forgalmi dugó

otopark

parkoló

tren istasyonu

vonatállomás

ray

sínek

tren

vonat

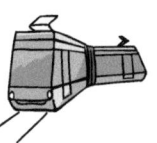

tramvay

villamos

vagon

vagon

helikopter

helikopter

havaalanı

repülőtér

kule

torony

yolcu

utas

konteyner

konténer

koli

kartondoboz

yük arabası

taliga

sepet

kosár

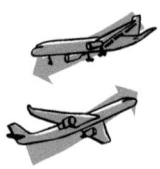

kalkış / iniş

felszáll / leszáll

şehir

város

köy

falu

şehir merkezi

városközpont

ev

ház

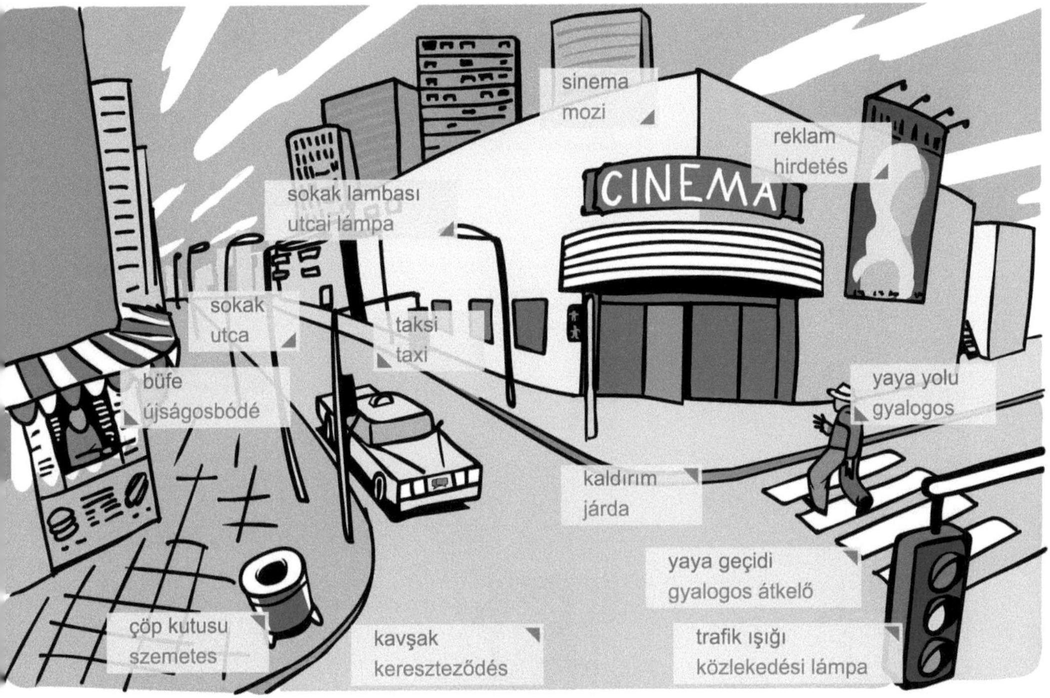

sinema
mozi

reklam
hirdetés

sokak lambası
utcai lámpa

sokak
utca

taksi
taxi

büfe
újságosbódé

CINEMA

yaya yolu
gyalogos

kaldırım
járda

çöp kutusu
szemetes

kavşak
kereszteződés

yaya geçidi
gyalogos átkelő

trafik ışığı
közlekedési lámpa

kulübe
kunyhó

apartman dairesi
lakás

tren istasyonu
vonatállomás

belediye binası
városháza

müze
múzeum

okul
iskola

üniversite

egyetem

banka

bank

hastane

kórház

otel

hotel

eczane

gyógyszertár

ofis

iroda

kitapçı

könyvesbolt

mağaza

üzlet

çiçekçi

virágüzlet

süpermarket

szupermarket

market

piac

büyük mağaza

áruház

balık satıcısı

halárus

alışveriş merkezi

bevásárló központ

liman

kikötő

park

park

bank

pad

köprü

híd

merdiven

lépcső

metro

metró

tünel

alagút

otobüs durağı

buszmegálló

bar

bár

restoran

étterem

posta kutusu

postaláda

sokak tabelası

utcatábla

otopark sayacı

parkoló óra

hayvanat bahçesi

állatkert

yüzme havuzu

uszoda

cami

mecset

çiftlik
gazdálkodás

kirlilik
környezetszennyezés

mezarlık
temető

kilise
templom

oyun alanı
játszótér

tapınak
szentély

arazi
táj

yaprak
levél

yön tabelası
útjelző tábla

yol
út

çayır
rét

taş
kő

yürüyüşçü
túrázó

ağaç
fa

ırmak
folyó

çimen
fű

çiçek
virág

vadi
völgy

tepe
domb

göl
tó

orman
erdő

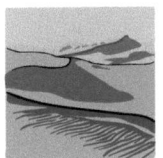

çöl
sivatag

volkan
vulkán

kale
kastély

gökkuşağı
szivárvány

mantar
gomba

palmiye
pálmafa

sivrisinek
szúnyog

sinek
légy

karınca
hangya

arı
méhecske

örümcek
pók

arazi - táj

böcek

bogár

kurbağa

béka

sincap

mókus

kirpi

sündisznó

yabani tavşan

nyúl

baykuş

bagoly

kuş

madár

kuğu

hattyú

yaban domuzu

vaddisznó

geyik

szarvas

geyik

rénszarvas

baraj

gát

rüzgar türbini

szélturbina

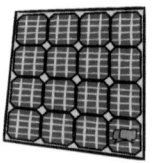

güneş paneli

napelem

iklim

éghajlat

restoran
étterem

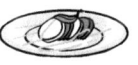

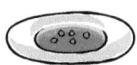

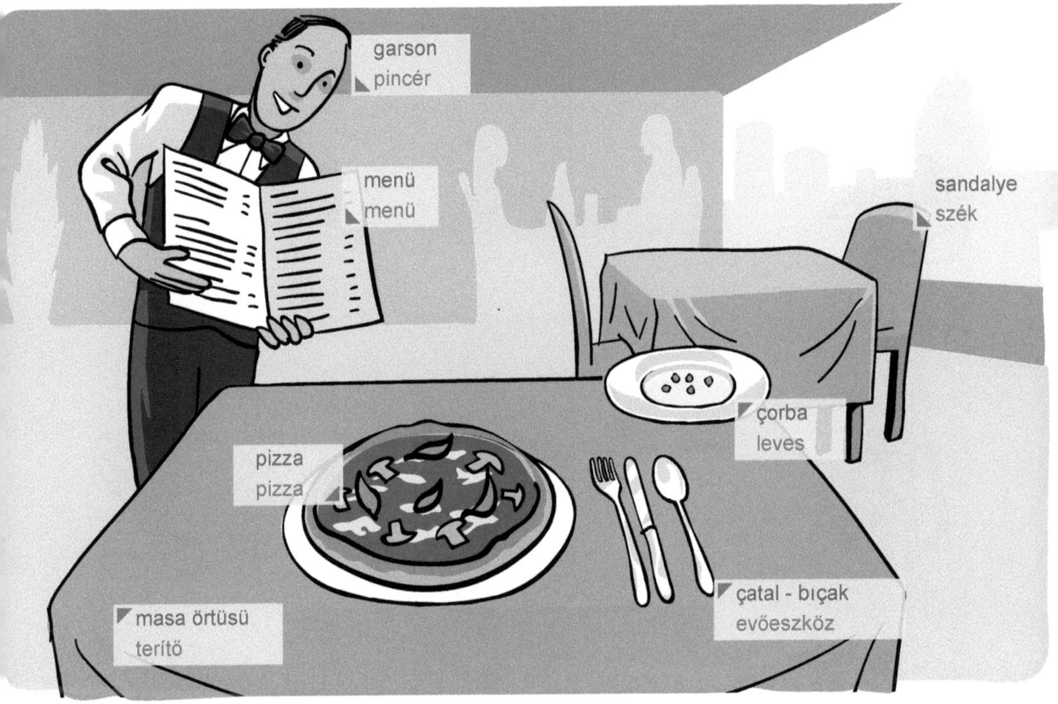
garson
pincér
menü
menü
sandalye
szék
çorba
leves
pizza
pizza
çatal - bıçak
evőeszköz
masa örtüsü
terítő

başlangıç

előétel

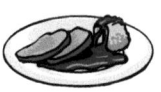

ana yemek

főétel

tatlı

desszert

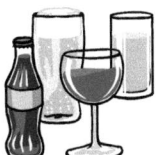

içecekler

italok

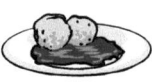

yemek

étel

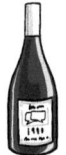

şişe

üveg

fastfood

gyorsétel

sokak yemeği

gyorsétel

çaydanlık

teás kanna

şekerlik

cukortartó

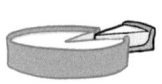

porsiyon

adag

espresso makinesi

eszpresszógép

mama sandalyesi

bárszék

fatura

számla

tepsi

tálca

bıçak

kés

çatal

villa

kaşık

kanál

çay kaşığı

teáskanál

servis peçetesi

szalvéta

bardak

pohár

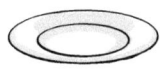

tabak
tányér

çorba kasesi
leveses tányér

fincan altlığı
csészealj

sos
szósz

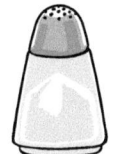

tuzluk
sószóró

karabiber değirmeni
borsőrlő

sirke
ecet

yağ
étkezési olaj

baharat
fűszerek

ketçap
ketchup

hardal
mustár

mayonez
majonéz

süpermarket
szupermarket

özel teklif
különleges ajánlat
FOR
müşteri
ügyfél
süt ürünleri
tejtermék
meyve
gyümölcsök
alışveriş arabası
bevásárló kocsi

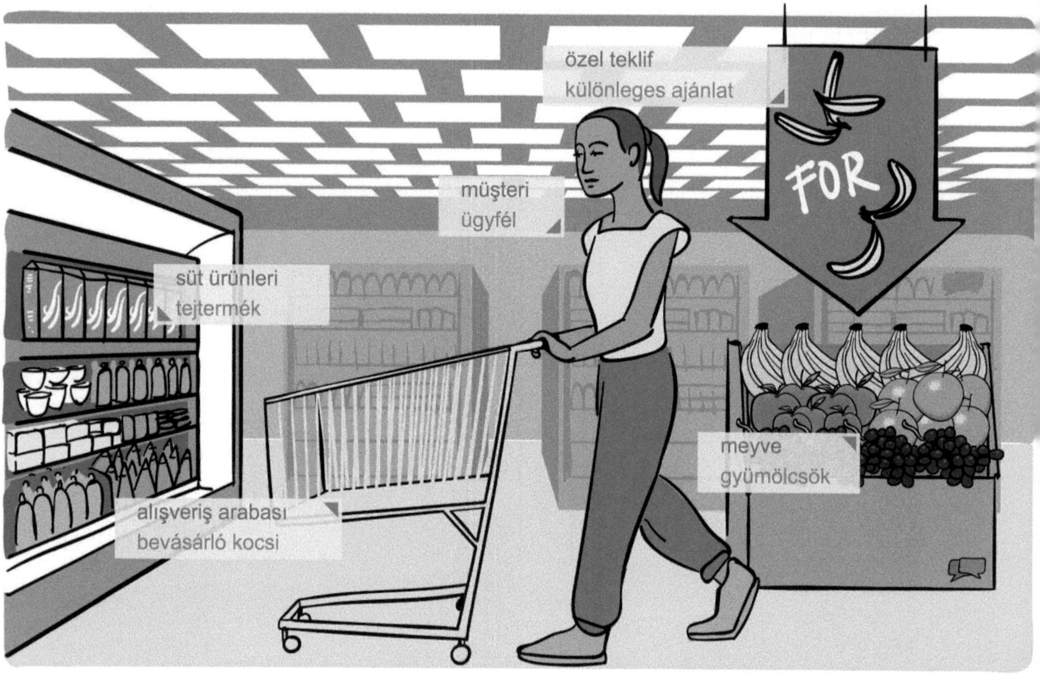

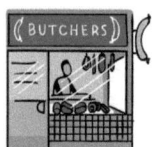

BUTCHERS

kasap

hentes

BAKERY

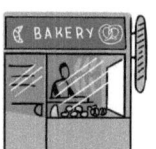

fırın

pékség

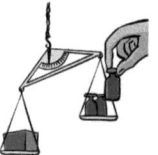

tartmak

nyom valamennyit

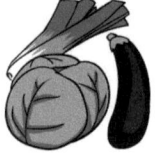

sebze

zöldség

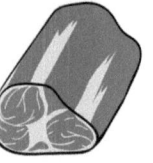

et

hús

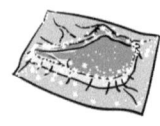

donmuş gıda

fagyasztott áru

söğüş et

felvágott

konserve yiyecek

konzerv

toz deterjan

mosópor

şekerlemeler

édességek

ev temizlik ürünleri

háztartási termék

temizlik ürünleri

tisztítószerek

satış görevlisi

eladó

yazar kasa

pénztárgép

kasiyer

eladó

alışveriş listesi

bevásárló lista

açılış saatleri

nyitva tartás

cüzdan

levéltárca

kredi kartı

hitelkártya

çanta

zacskó

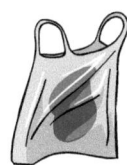

plastik poşet

műanyag zacskó

su

víz

meyve suyu

gyümölcslé

süt

tej

kola

kóla

şarap

bor

bira

sör

alkol

alkohol

kakao

kakaó

çay

tea

kahve

kávé

espresso

eszpresszó

kapuçino

kapucsínó

muz

banán

elma

alma

portakal

narancs

kavun

sárgadinnye

limon

citrom

havuç

sárgarépa

sarımsak

fokhagyma

bambu

bambusz

soğan

hagyma

mantar

gomba

çerez

magvak

makarna

nokedli

spagetti

spagetti

pirinç

rizs

salata

saláta

cips

sült krumpli

patates kızartması

sült burgonya

pizza

pizza

hamburger

hamburger

sandviç

szendvics

şinitzel

hússzelet

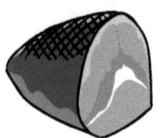

pastırma

sonka

salam

szalámi

sosis

kolbász

tavuk

csirke

rosto

pecsenye

balık

hal

yulaf ezmesi

zabkása

müsli

müzli

mısır gevreği

kukoricapehely

un

liszt

kruvasan

croissant

küçük ekmek

zsemle

ekmek

kenyér

tost

pirítós kenyér

bisküvi

keksz

tereyağı

vaj

kaymak

túró

kek

sütemény

yumurta

tojás

sahanda yumurta

tükörtojás

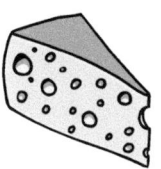

peynir

sajt

yemek - étel

dondurma

jégkrém

şeker

cukor

bal

méz

reçel

lekvár

fındık ezmesi

mogyorókrém

köri

curry

yemek - étel

çiftlik
gazdálkodás

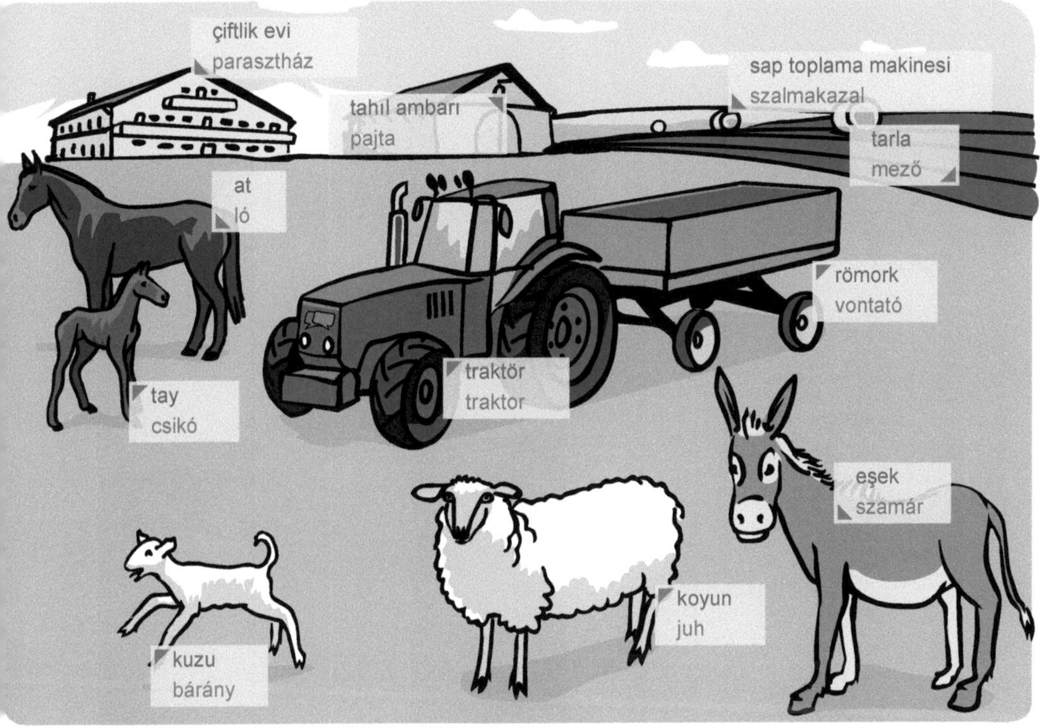

çiftlik evi
parasztház
tahıl ambarı
pajta
sap toplama makinesi
szalmakazal
tarla
mező
at
ló
römork
vontató
traktör
traktor
tay
csikó
eşek
szamár
koyun
juh
kuzu
bárány

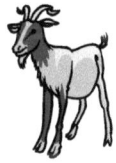

keçi
kecske

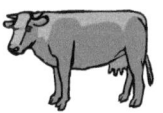

inek
tehén

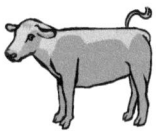

buzağı
borjú

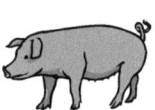

domuz
malac

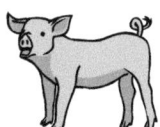

domuz yavrusu
kismalac

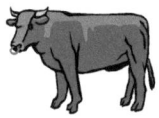

boğa
bika

kaz

liba

ördek

kacsa

civciv

csibe

tavuk

tojó

horoz

kakas

sıçan

patkány

kedi

macska

fare

egér

öküz

ökör

köpek

kutya

köpek kulübesi

kutyaház

bahçe hortumu

kerti öntözőcső

sulama kabı

öntözőkanna

tırpan

kasza

pulluk

eke

çiftlik - gazdálkodás

orak

sarló

çapa

kapa

dirgen

vasvilla

balta

fejsze

el arabası

talicska

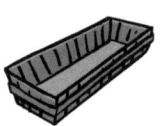

yemlik

teknö

süt kovası

tejes kancsó

çuval

zsák

çit

kerítés

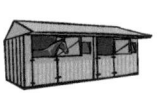

ahır

istálló

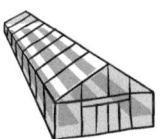

sera

üvegház

toprak

talaj

tohum

vetőmag

gübre

trágya

biçerdöver

cséplőgép

hasat etmek

szüretelni

harman

betakarítás

tatlı patates

yamgyökér

buğday

búza

soya

szója

patates

burgonya

mısır

kukorica

kolza

repcemag

meyve ağacı

gyümölcsfa

manyok

manióka

hububat

gabona

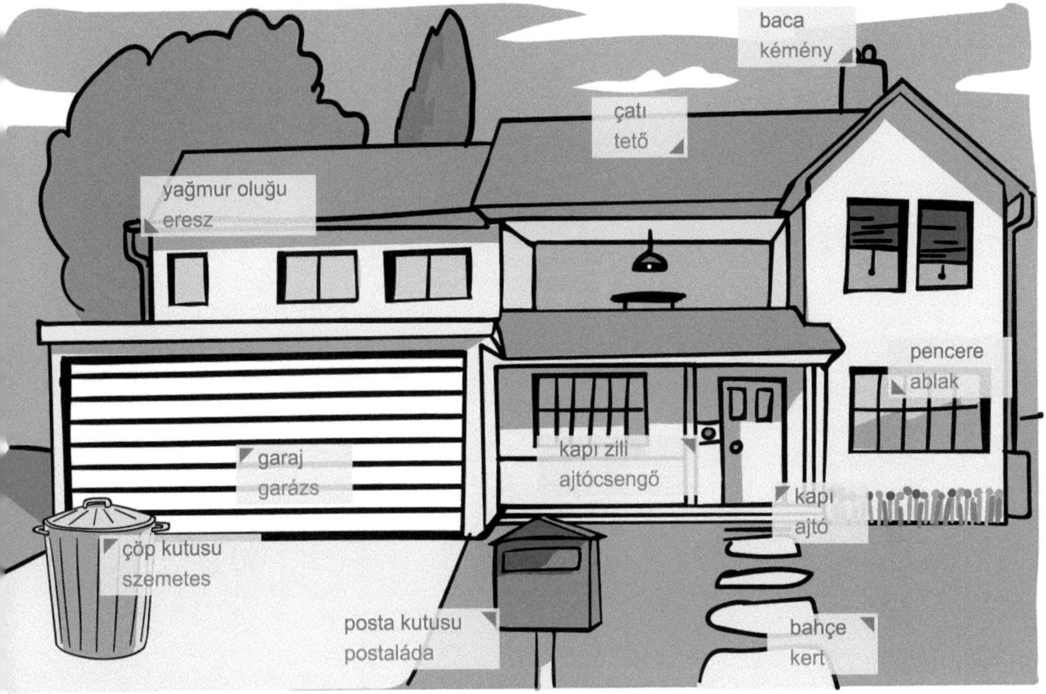

baca
kémény

çatı
tetö

yağmur oluğu
eresz

pencere
ablak

garaj
garázs

kapı zili
ajtócsengő

kapı
ajtó

çöp kutusu
szemetes

posta kutusu
postaláda

bahçe
kert

oturma odası

nappali

banyo

fürdőszoba

mutfak

konyha

yatak odası

hálószoba

çocuk odası

gyerekszoba

yemek odası

ebédlő

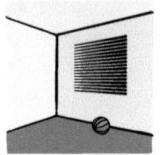

zemin
padló

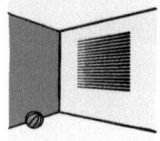

duvar
fal

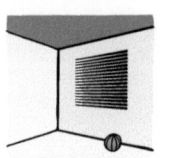

tavan
plafon

kiler
pince

sauna
szauna

balkon
erkély

teras
terasz

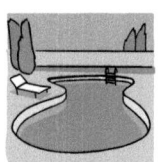

havuz
medence

çim biçme makinesi
fűnyíró

çarşaf
lepedő

yatak örtüsü
ágytakaró

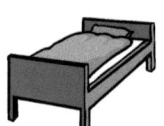

yatak
ágy

süpürge
seprű

kova
vödör

anahtar
kapcsoló

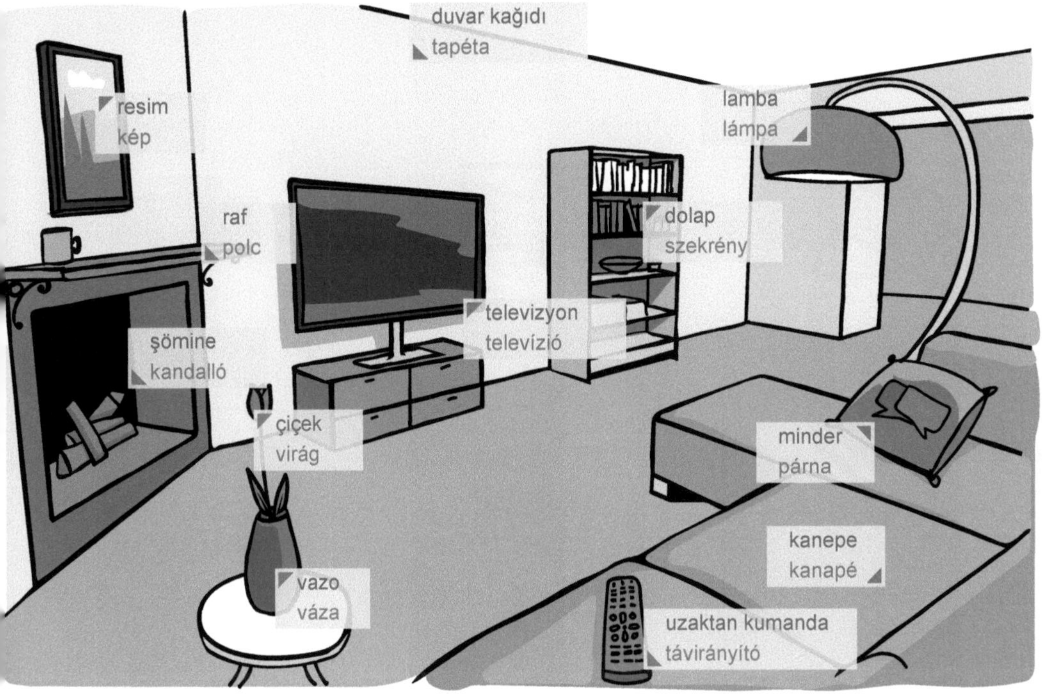

duvar kağıdı
tapéta

resim
kép

lamba
lámpa

raf
polc

dolap
szekrény

şömine
kandalló

televizyon
televízió

çiçek
virág

minder
párna

kanepe
kanapé

vazo
váza

uzaktan kumanda
távirányító

halı	perde	masa
szőnyeg	függöny	asztal

sandalye	salıncaklı koltuk	koltuk
szék	hintaszék	karosszék

kitap
könyv

battaniye
takaró

dekor
dekoráció

odun
tűzifa

film
film

hi-fi
hifi

anahtar
kulcs

gazete
újság

tablo
festmény

poster
poszter

radyo
rádió

defter
jegyzetfüzet

elektrikli süpürge
porszívó

kaktüs
kaktusz

mum
gyertya

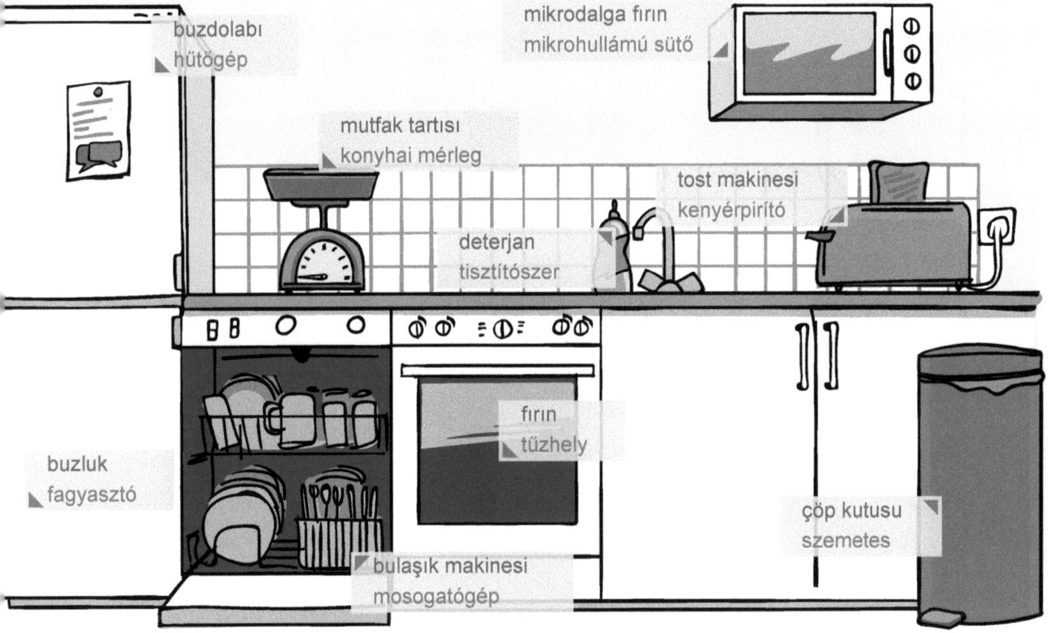

buzdolabı
hütögép

mikrodalga fırın
mikrohullámú sütő

mutfak tartısı
konyhai mérleg

tost makinesi
kenyérpirító

deterjan
tisztítószer

buzluk
fagyasztó

fırın
tűzhely

çöp kutusu
szemetes

bulaşık makinesi
mosogatógép

ocak

tűzhely

tencere

edény

döküm tencere

vasfazék

wok

wok / kadai

tava

serpenyő

su ısıtıcı

vízforraló

buharlı pişirici

pároló

pişirme tepsisi

tepsi

tabak takımı

étkészlet

kupa

bögre

kase

tálka

çubuk (çin yemeği)

evőpálcika

kepçe

merökanál

spatula

keverőlapátka

çırpma teli

habverő

süzgeç

szűrő

elek

szita

rende

reszelő

havan

mozsár

barbekü

grillsütő

açık ateş

kandalló

kesme tahtası

vágódeszka

merdane

sodrófa

tirbüşon

dugóhúzó

konserve kutusu

doboz

konserve açacağı

konzervnyitó

fırın eldiveni

edényfogó

evye

mosogató

fırça

kefe

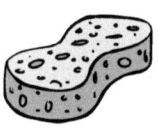

sünger

szivacs

blender

turmixgép

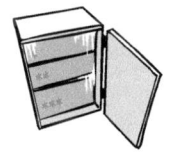

derin dondurucu

mélyhűtő

biberon

cumisüveg

musluk

csap

mutfak - konyha

banyo
fürdőszoba

ısıtma
fűtés
havlu
törölköző
duş
zuhany
duş perdesi
zuhanyfüggöny
köpük banyosu
habfürdő
küvet
kád
bardak
pohár
çamaşır makinesi
mosógép
musluk
csap
fayans
csempe
lazımlık
bili
evye
mosogató

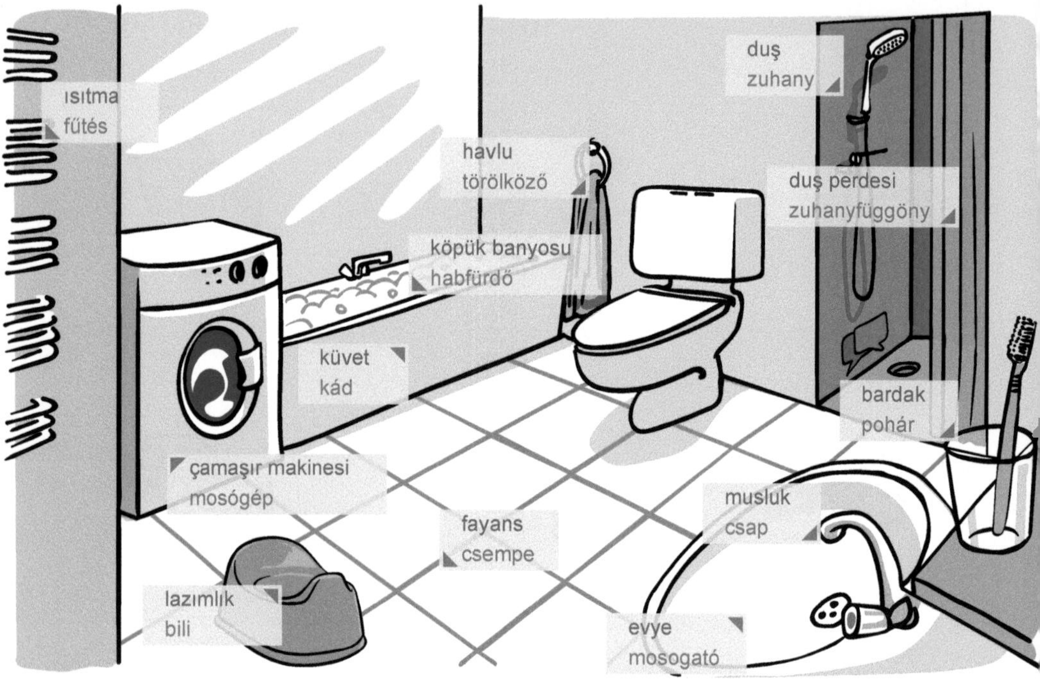

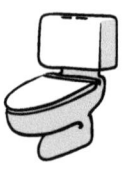

tuvalet

toalett

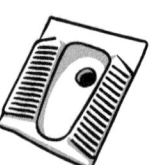

alaturka tuvalet

guggolós toalett

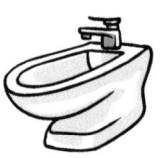

bide

bidé

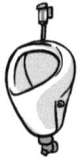

pisuvar

piszoár

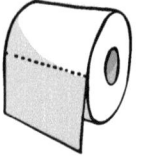

tuvalet kağıdı

toalett papír

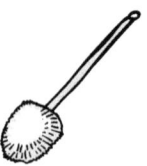

tuvalet fırçası

wc kefe

diş fırçası

fogkefe

diş macunu

fogkrém

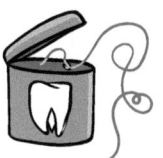

diş ipi

fogselyem

yıkamak

mosni

duş başlığı

kézi zuhany

duş başlığı şeklinde taharet musluğu

intimzuhany

küvet

mosdótál

banyo fırçası

hátmosó kefe

sabun

szappan

duş jeli

tusfürdő

şampuan

sampon

banyo lifi

mosdókesztyű

gider

lefolyó

krem

krém

deodorant

dezodor

ayna

tükör

el aynası

kézitükör

jilet

borotva

tıraş köpüğü

borotvahab

tıraş losyonu

borotválkozás utáni
arcszesz

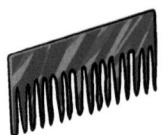

tarak

fésű

fırça

hajkefe

saç kurutma makinesi

hajszárító

saç spreyi

hajlakk

makyaj

smink

ruj

ajakrúzs

tırnak cilası

körömlakk

pamuk

vatta

tırnak makası

körömvágó olló

parfüm

parfüm

makyaj çantası

neszesszer

tabure

sámli

tartı

mérleg

bornoz

köntös

lastik eldiven

gumikesztyű

tampon

tampon

kadın pedi

egészségügyi betét

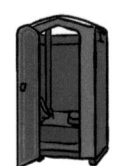

kimyevi tuvalet

vegyi WC

çocuk odası
gyerekszoba

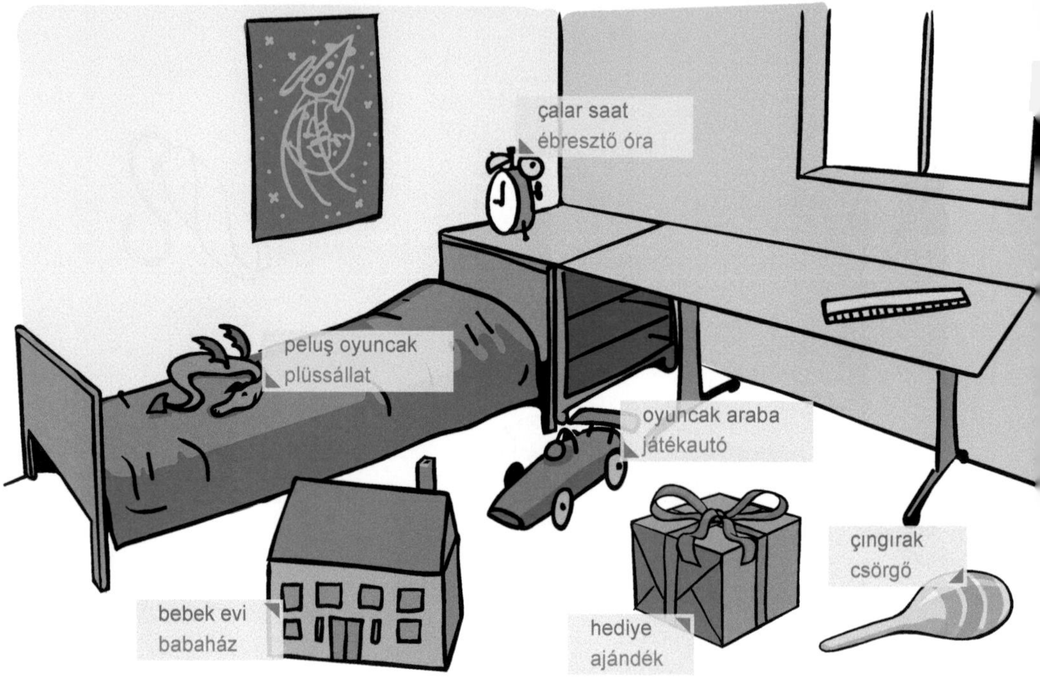

çalar saat
ébresztő óra
peluş oyuncak
plüssállat
oyuncak araba
játékautó
çıngırak
csörgő
bebek evi
babaház
hediye
ajándék

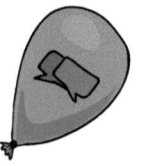

balon
lufi

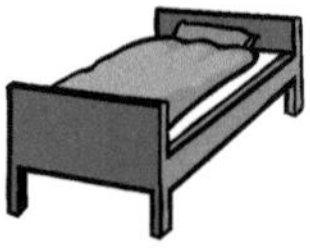

yatak
ágy

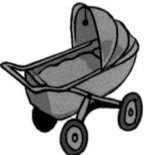

bebek arabası
babakocsi

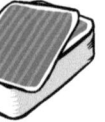

kart destesi
kártyapakli

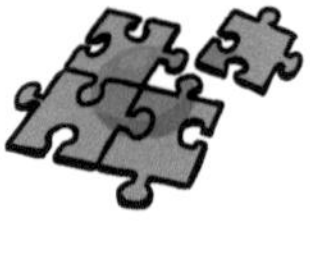

yapboz
kirakós játék

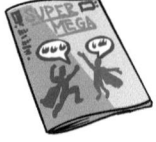

çizgi roman
képregény

lego tuğlaları

építőkockák

lego blokları

építőelem

aksiyon figürü

szuperhős

zıbın

rugdalózó

frizbi

frizbi

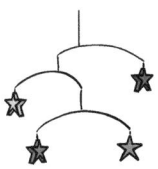

dönence

zenélő forgó

masa oyunu

társasjáték

zar

kocka

model tren seti

modellvasút

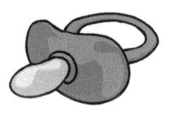

emzik

cumi

parti

zsúr

resimli kitap

képeskönyv

top

labda

oyuncak bebek

baba

oynamak

játszani

kum havuzu

homokozó

salıncak

hinta

oyuncaklar

játékok

video oyun konsolu

videójáték konzol

üç tekerlekli bisiklet

tricikli

oyuncak ayı

teddi maci

gardırop

ruhásszekrény

çorap

zokni

külotlu çorap

harisnya

tayt

harisnyanadrág

eşarp
sál

şemsiye
esernyő

kemer
öv

tişört
póló

bot
csizma

terlik
papucs

spor ayakkabı
tornacipő

sandalet
....
szandál

ayakkabı
....
cipő

lastik çizme
....
gumicsizma

külot
....
alsónadrág

sütyen
....
melltartó

yelek
....
mellény

kıyafet - ruházat

dar bluz

body

pantolon

nadrág

kot pantolon

farmer

etek

szoknya

bluz

blúz

gömlek

ing

kazak

pulóver

süveter

kapucnis pulóver

blazer

blézer

ceket

dzseki

mont

kabát

yağmurluk

esőkabát

kostüm

kosztüm

elbise

ruha

gelinlik

esküvői ruha

takım elbise
öltöny

gecelik
hálóing

pijama
pizsama

sari
szári

baş örtüsü
fejkendő

türban
turbán

burka
burka

kaftan
kaftán

çarşaf
abaya

mayo
fürdőruha

erkek mayosu
fürdőnadrág

şort
rövidnadrág

eşofman
tréningruha

önlük
kötény

eldiven
kesztyű

düğme

gomb

gözlük

szemüveg

bilezik

karkötő

kolye

nyaklánc

yüzük

gyűrű

küpe

fülbevaló

kep

sapka

portmanto

vállfa

şapka

kalap

kravat

nyakkendő

fermuar

cipzár

kask

bukósisak

pantolon askısı

nadrágtartó

okul forması

iskolai egyenruha

üniforma

egyenruha

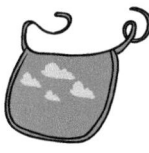

mama önlüğü

előke

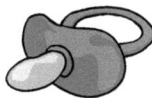

emzik

cumi

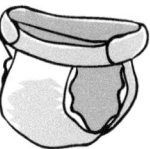

bebek bezi

pelenka

ofis
iroda

sunucu
szerver
dosya dolabı
irattartó szekrény
yazıcı
nyomtató
kağıt
papír
monitör
képernyő
fare
egér
masa
íróasztal
klasör
mappa
klavye
billentyűzet
kağıt çöp kutusu
papír-hulladék gyűjtő
bilgisayar
számítógép
sandalye
szék

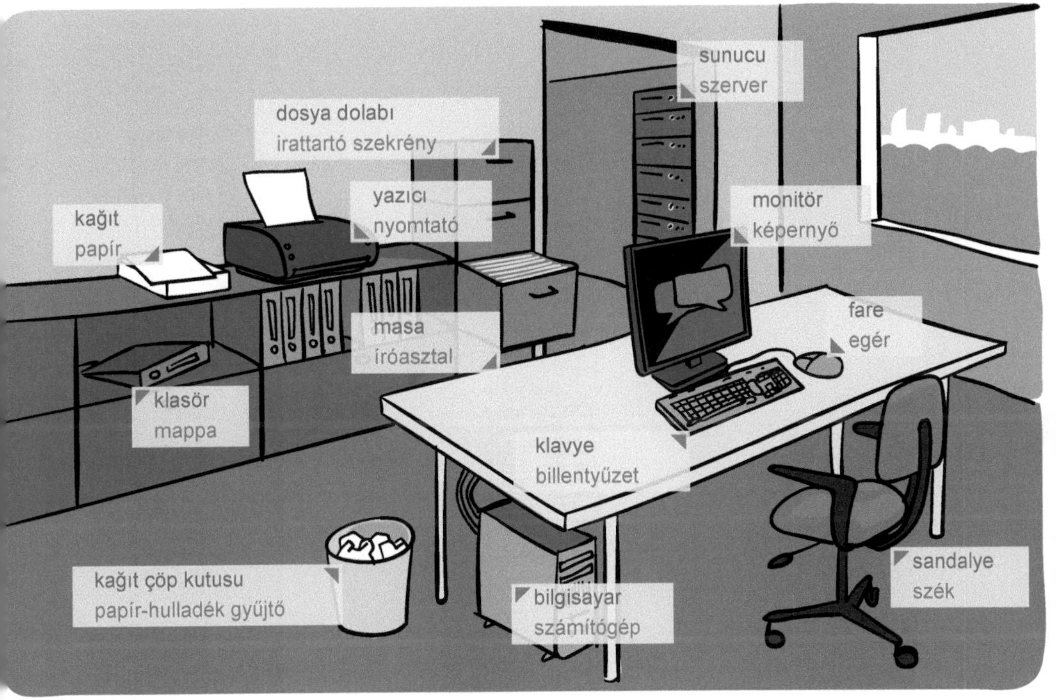

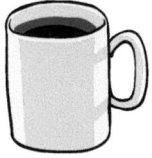

kahve fincanı

kávéscsésze

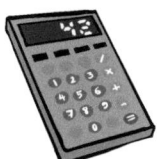

hesap makinesi

számológép

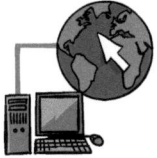

internet

internet

dizüstü

laptop

mektup

levél

mesaj

üzenet

cep telefonu

mobiltelefon

ağ

hálózat

fotokopi makinesi

fénymásoló

yazılım

szoftver

telefon

telefon

priz

konnektor

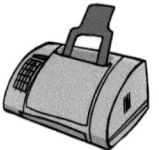

faks makinesi

faxgép

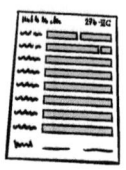

form

formanyomtatvány

belge

dokumentum

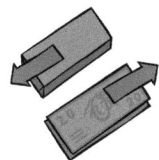

satın almak

venni

ödemek

fizetni

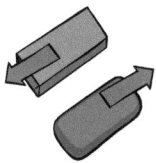

ticaret yapmak

kereskedni

para

pénz

USD

dolar

dollár

EUR

avro

euró

JPY

yen

jen

RUB

ruble

rubel

CHF

İsviçre frangı

svájci frank

CNY

Çin yuanı

kínai jüan

INR

rupi

rúpia

kasa

bankautomata

döviz bürosu

valutaváltó iroda

altın

arany

gümüş

ezüst

petrol

olaj

enerji

energia

fiyat

ár

kontrat

szerződés

vergi

adó

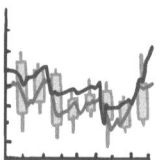

menkul değer

részvény

çalışmak

dolgozni

işveren

munkavállaló

işçi

munkaadó

fabrika

gyár

mağaza

üzlet

meslekler
foglalkozások

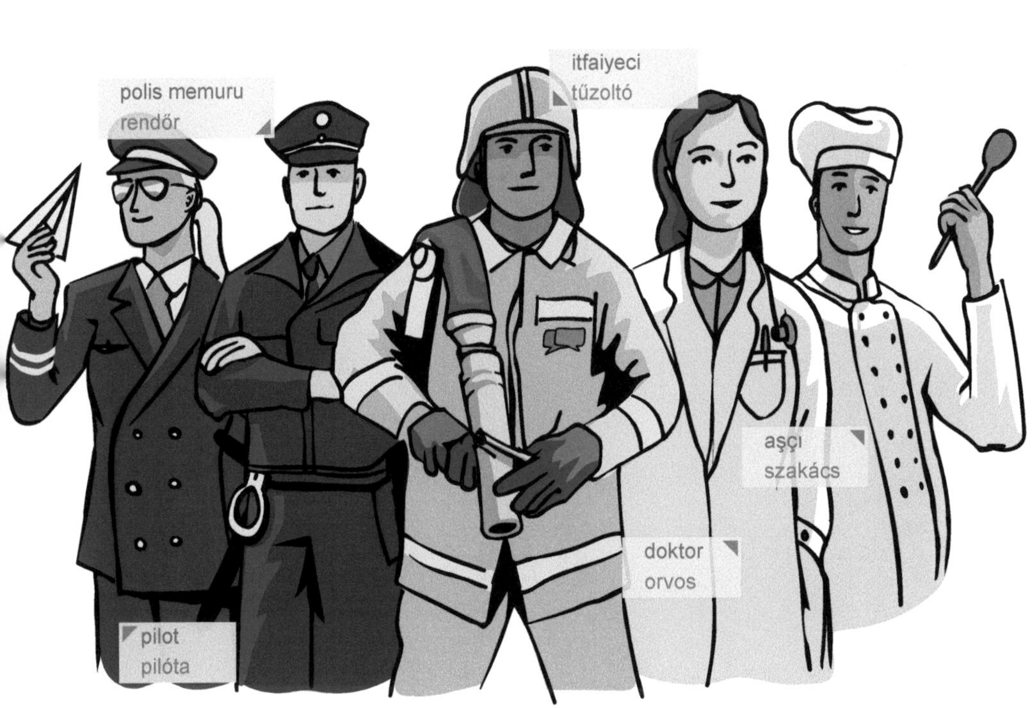

polis memuru
rendőr
itfaiyeci
tűzoltó
aşçı
szakács
doktor
orvos
pilot
pilóta

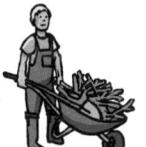

bahçıvan

kertész

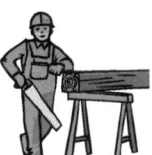

marangoz

kárpitos

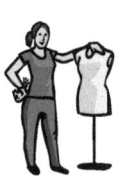

terzi

varrónő

hakim

bíró

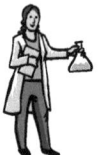

kimyager

vegyész

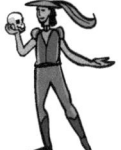

aktör

színész

otobüs şoförü

buszsofőr

taksi şoförü

taxisofőr

balıkçı

halász

temizlikçi

bejárónő

çatı ustası

tetőfedő

garson

pincér

avcı

vadász

boyacı

festő

fırıncı

pék

elektrikçi

villanyszerelő

inşaatçı

építőmunkás

mühendis

mérnök

kasap

hentes

muslukçu

vízvezeték-szerelő

postacı

postás

asker

katona

mimar

építész

kasiyer

eladó

çiçekçi

virágos

kuaför

fodrász

kondüktör

kalauz

tamirci

műszerész

kaptan

kapitány

dişçi

fogorvos

bilim insanı

tudós

haham

rabbi

imam

imám

keşiş

szerzetes

rahip

lelkész

aletler
szerszámok

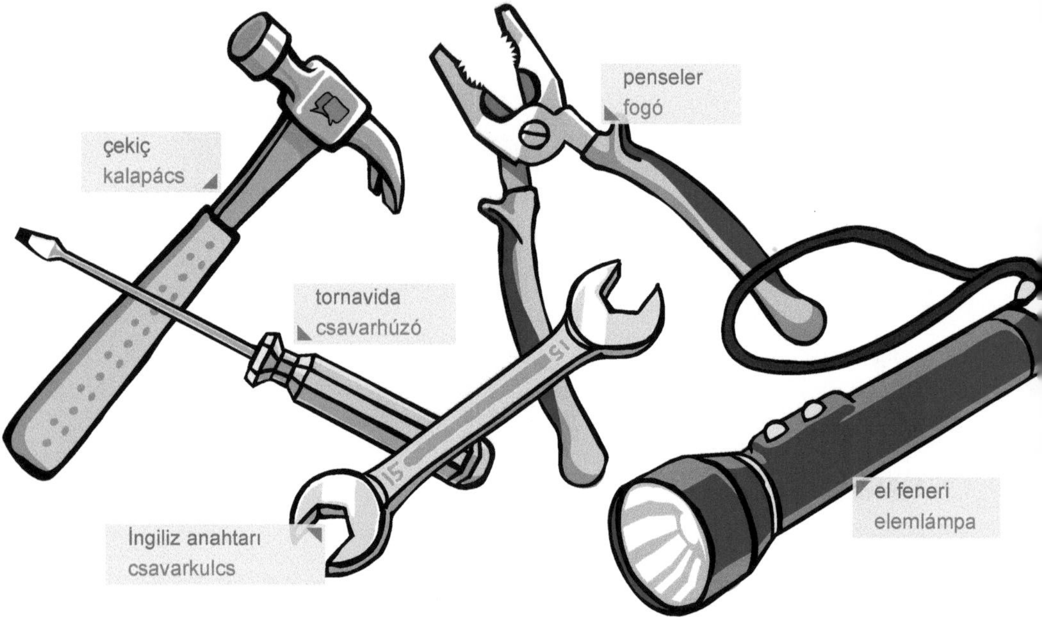
penseler
fogó
çekiç
kalapács
tornavida
csavarhúzó
el feneri
elemlámpa
İngiliz anahtarı
csavarkulcs

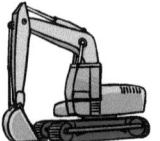

kazı makinesi

markológép

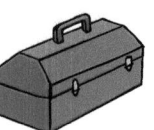

alet çantası

szerszámosláda

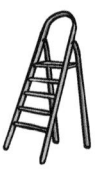

merdiven

vödör

testere

fűrész

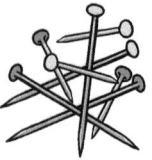

çiviler

szög

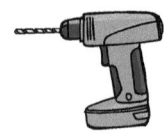

matkap

fúrógép

tamir etmek
megjavítani

kürek
lapát

Kahretsin!
A francba!

faraş
szemétlapát

boya tenekesi
festékesdoboz

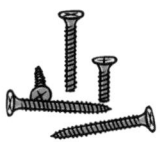

vidalar
csavar

müzik enstrümanı
hangszerek

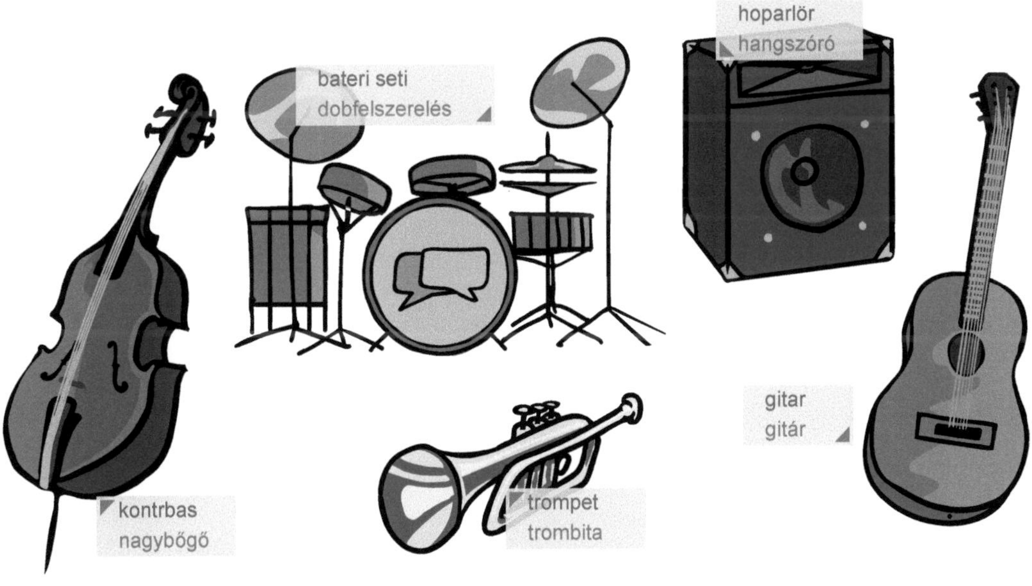

bateri seti
dobfelszerelés

hoparlör
hangszóró

gitar
gitár

kontrbas
nagybőgő

trompet
trombita

piyano

zongora

keman

hegedű

basgitar

basszusgitár

timpani

üstdob

bateri

dobok

klavye

digitális zongora

saksafon

szaxofon

flüt

fuvola

mikrofon

mikrofon

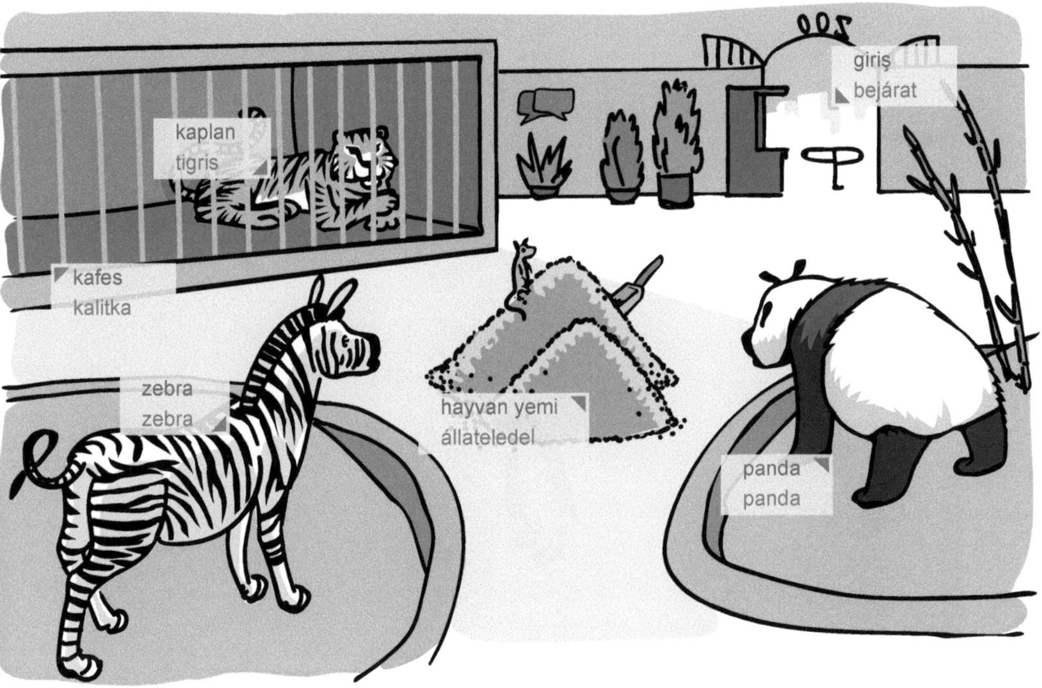

kaplan
tigris

giriş
bejárat

kafes
kalitka

zebra
zebra

hayvan yemi
állateledel

panda
panda

hayvanlar

állatok

fil

elefánt

kanguru

kenguru

gergedan

orrszarvú

goril

gorilla

ayı

medve

deve

teve

deve kuşu

strucc

aslan

oroszlán

maymun

majom

flamingo

flamingó

papağan

papagáj

kutup ayısı

jegesmedve

penguen

pingvin

köpek balığı

cápa

tavus kuşu

páva

yılan

kígyó

timsah

krokodil

hayvanat bahçesi görevlisi

állatgondozó

fok

fóka

jaguar

jaguár

midilli atı
pónió

leopar
leopárd

su aygırı
víziló

zürafa
zsiráf

kartal
sas

yaban domuzu
vaddisznó

balık
hal

kaplumbağa
teknős

mors
rozmár

tilki
róka

ceylan
gazella

amerikan futbolu
amerikai futball

bisiklete binme
kerékpározás

tenis
tenisz

basketbol
kosárlabda

yüzme
úszás

boks
boksz

buz hokeyi
jégkorong

futbol
futball

badminton
tollas

atletizm
atlétika

hentbol
kézilabda

kayak
síelés

polo
lovaspóló

etkinlikler
tevékenységek

gülmek
nevetni
atlamak
ugrani
sarılmak
ölelni
yürümek
sétálni
söylemek
énekelni
hayal etmek
álmodni
dua etmek
dicsérni
öpmek
csókolni

A

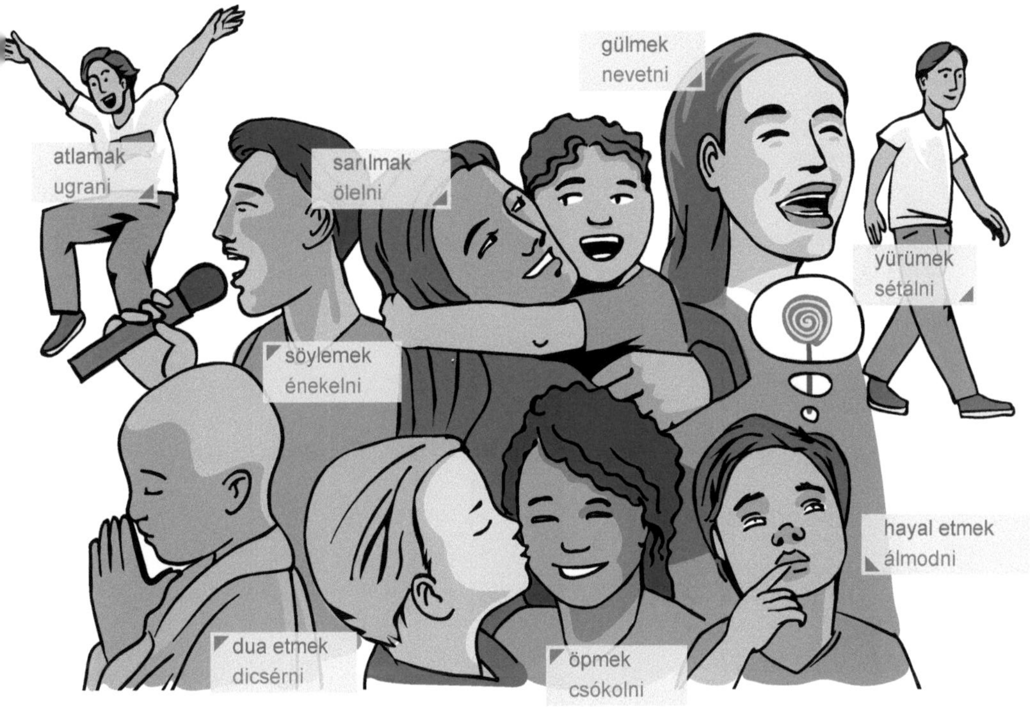

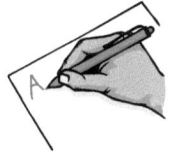

yazmak

írni

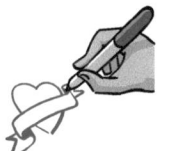

çizmek

rajzolni

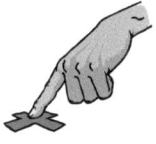

göstermek

mutatni

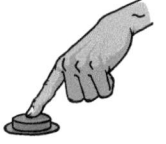

itmek

tolni

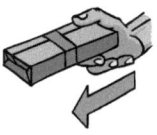

vermek

adni

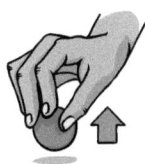

almak

vinni

sahip olmak

birtokolni

yapmak

csinálni

olmak

lenni

ayakta durmak

állni

koşmak

futni

çekmek

húzni

atmak

hajít

düşmek

esni

yalan söylemek

hazudni

beklemek

várni

taşımak

vinni

oturmak

ülni

giyinmek

felvenni

uyumak

aludni

uyanmak

felébredni

bakmak
ránézni

ağlamak
sírni

vurmak
simogat

taramak
fésülni

konuşmak
beszélni

anlamak
megérteni

sormak
kérdezni

dinlemek
hallgatni

içmek
inni

yemek
enni

düzenlemek
takarítani

sevmek
szeretni

pişirmek
főzni

sürmek
vezetni

uçmak
szállni

denize açılmak

vitorlázni

hesapla

számol

okumak

olvasni

öğrenmek

tanulni

çalışmak

dolgozni

evlenmek

házasodni

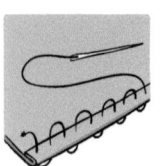

dikmek

varrni

diş fırçalamak

fogat mosni

öldürmek

ölni

sigara içmek

dohányozni

yollamak

küldeni

büyükanne
nagymama

büyükbaba
nagypapa

baba
apa

anne
anya

bebek
kisbaba

kız
lány

oğul
fiú

misafir
vendég

teyze
nagynéni

amca
nagybácsi

erkek kardeş
fiútestvér

kız kardeş
lánytestvér

vücut
test

alın
homlok
göz
szem
yüz
arc
çene
áll
parmak
ujj
el
kéz
göğüs
mell
kol
kar
omuz
váll
bacak
láb

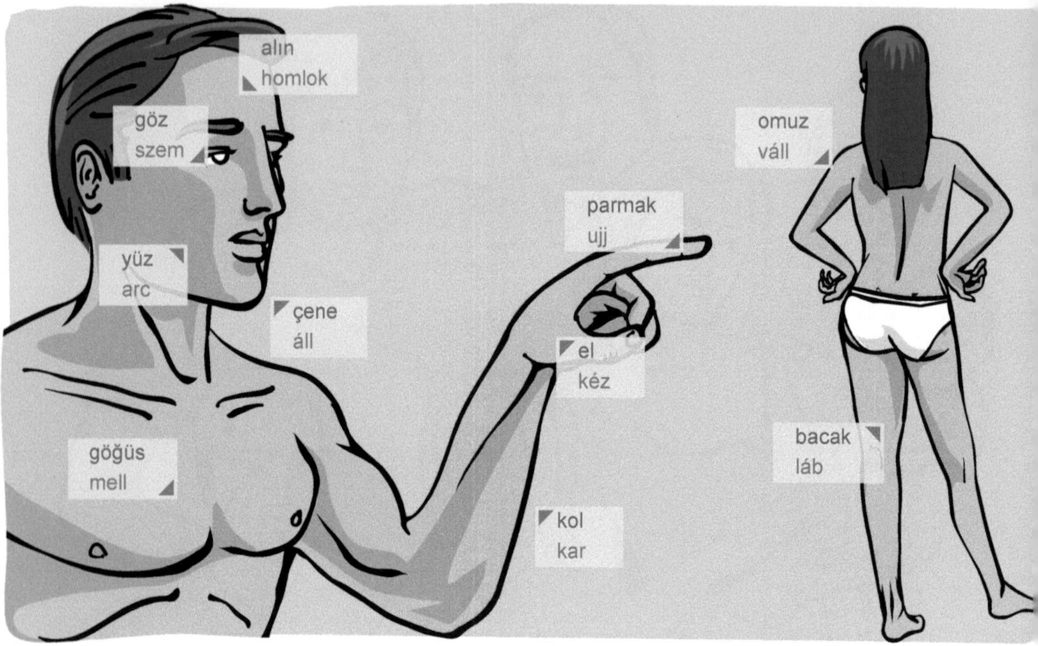

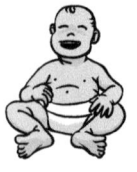

bebek
kisbaba

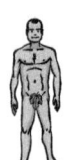

adam
ember

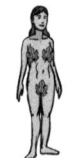

kadın
nő

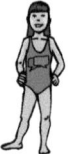

kız
lány

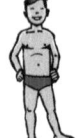

erkek çocuk
fiú

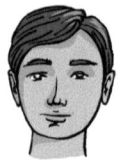

baş
fej

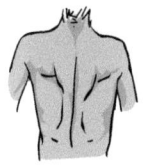

sırt
hát

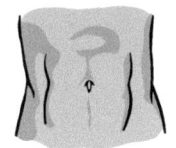

karın
has

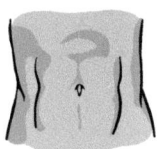

göbek
köldök

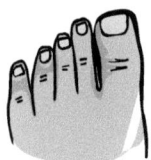

ayak parmağı
lábujj

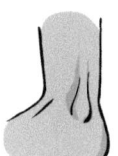

topuk
sarok

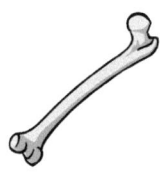

kemik
csont

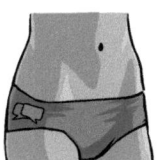

kalça
csípő

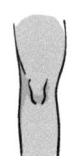

diz
térd

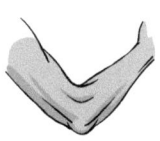

dirsek
könyök

burun
orr

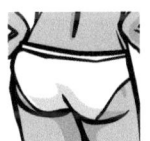

kalça
fenék

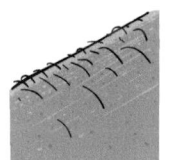

deri
bőr

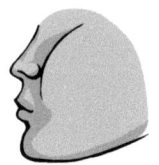

yanak
orca

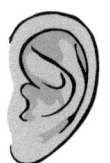

kulak
fül

dudak
ajak

ağız

száj

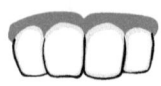

diş

fog

dil

nyelv

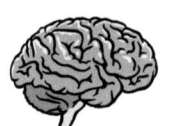

beyin

agy

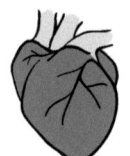

kalp

szív

kas

izom

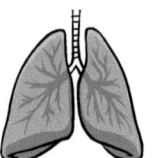

akciğer

tüdő

karaciğer

máj

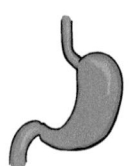

mide

gyomor

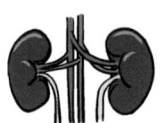

böbrekler

vese

seks

szex

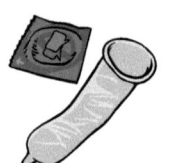

prezervatif

kondom

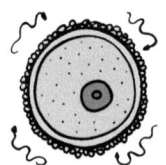

yumurtalık

petesejt

sperm

sperma

hamilelik

terhesség

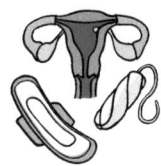

regl
menstruáció

vajina
vagina

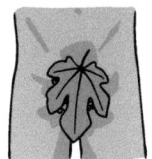

penis
pénisz

kaş
szemöldök

saç
haj

boyun
nyak

hastane
kórház

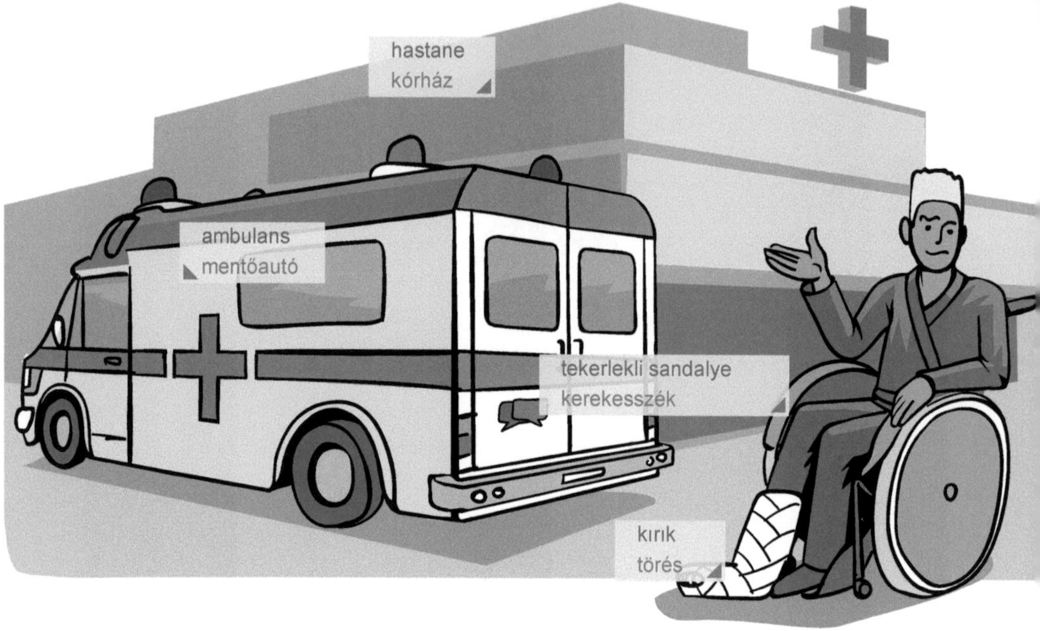

hastane
kórház
ambulans
mentőautó
tekerlekli sandalye
kerekesszék
kırık
törés

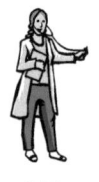

doktor

orvos

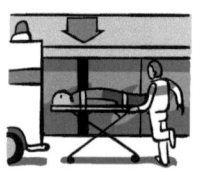

acil servis

sürgősségi osztály

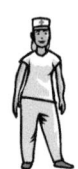

hemşire

ápoló

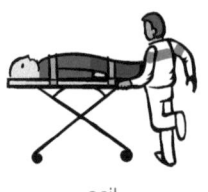

acil

vészhelyzet

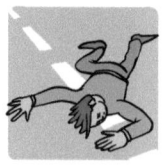

baygın

eszméletlen

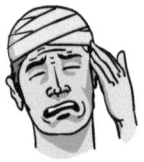

acı

fájdalom

yaralanma

sérülés

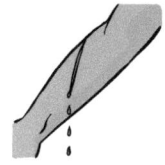

kanama

vérzés

kalp krizi

szívroham

felç

szélütés

alerji

allergia

öksürük

köhögés

ateş

láz

grip

influenza

ishal

hasmenés

baş ağrısı

fejfájás

kanser

rák

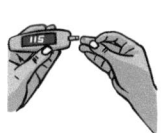

şeker hastalığı

cukorbetegség

cerrah

sebész

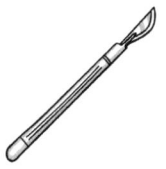

neşter

szike

operasyon

műtét

bilgisayarlı tomografi

CT

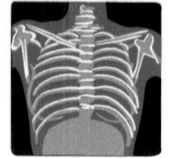

röntgen

röntgen

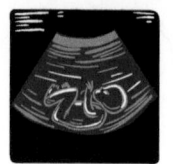

ultrason

ultrahang

yüz maskesi

arcmaszk

hastalık

betegség

bekleme odası

váróterem

koltuk değneği

mankó

yara bandı

sebtapasz

bandaj

kötszer

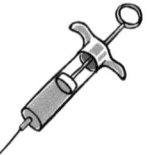

enjeksiyon

injekció

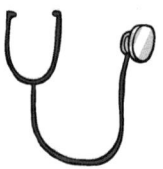

steteskop

sztetoszkóp

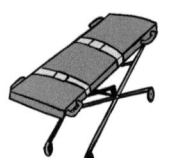

sedye

hordágy

tıbbi termometre

klinikai hőmérő

doğum

születés

fazla kilo

túlsúly

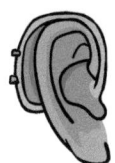

işitme cihazı

hallókészülék

dezenfektan

fertőtlenítőszer

enfeksiyon

fertőzés

virüs

vírus

HIV / AIDS

HIV/AIDS

ilaç

orvosság

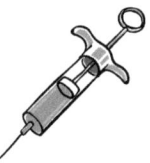

aşı

oltás

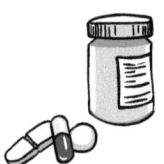

tablet

tabletták

hap

tabletta

acil çağrı

sürgősségi hívás

tansiyon aleti

vérnyomásmérő

hasta / sağlıklı

betegség / egészség

İmdat!
Segítség!

alarm
riasztás

darp
rajtaütés

saldırı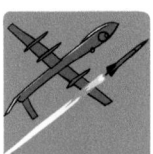
támadás

tehlike
veszély

acil çıkış
vészkijárat

Yangın!
tűz!

yangın tüpü
tűzoltókészülék

kaza
baleset

ilk yardım çantası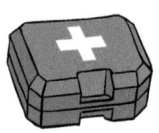
elsősegélycsomag

imdat
SOS

polis
rendőrség

Avrupa

Európa

Kuzey Amerika

Észak-Amerika

Güney amerika

Dél-Amerika

Afrika

Afrika

Asya

Ázsia

Avustralya

Ausztrália

Atlantik

Atlanti-óceán

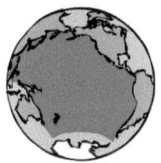

Pasifik

Csendes-óceán

Hint Okyanusu

Indiai-óceán

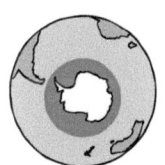

Antarktika Okyanusu

Déli-óceán

Arktik Okyanusu

Jeges-tenger

Kuzey Kutbu

Északi-sark

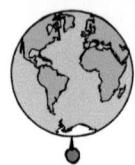

Güney Kutbu

Déli-sark

Antarktika

Antarktisz

dünya

föld

kara

szárazföld

deniz

tenger

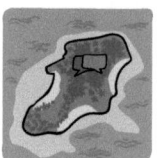

ada

sziget

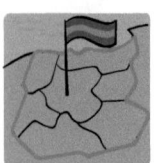

ulus

nemzet

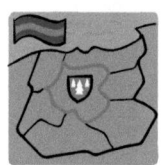

ülke

állam

kadran

számlap

akrep

kismutató

yelkovan

nagymutató

saniye ibresi

másodpercmutató

Saat kaç?

Mennyi az idő?

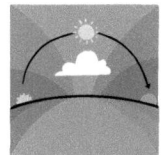

gün

nap

zaman

idő

şimdi

most

dijital saat

digitális óra

dakika

perc

saat

óra

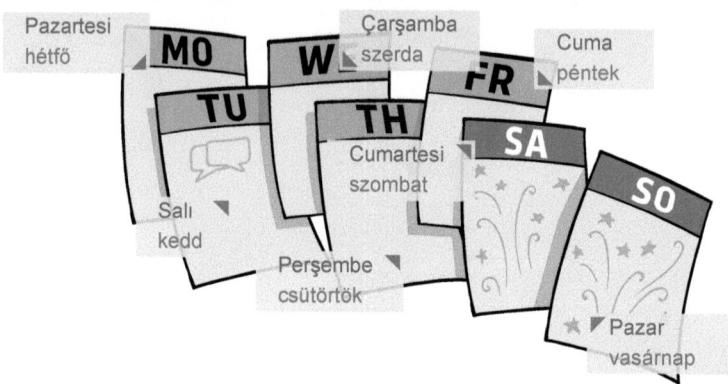

Pazartesi
hétfő

Çarşamba
szerda

Cuma
péntek

Salı
kedd

Cumartesi
szombat

Perşembe
csütörtök

Pazar
vasárnap

dün
....
tegnap

bugün
....
ma

yarın
....
holnap

sabah
....
reggel

öğle
....
dél

akşam
....
este

MO	TU	WE	TH	FR	SA	SU
1	2	3	4	5	6	7
8	9	10	11	12	13	14
15	16	17	18	19	20	21
22	23	24	25	26	27	28
29	30	31	1	2	3	4

iş günleri
....
hétköznap

MO	TU	WE	TH	FR	SA	SU
1	2	3	4	5	6	7
8	9	10	11	12	13	14
15	16	17	18	19	20	21
22	23	24	25	26	27	28
29	30	31	1	2	3	4

hafta sonu
....
hétvége

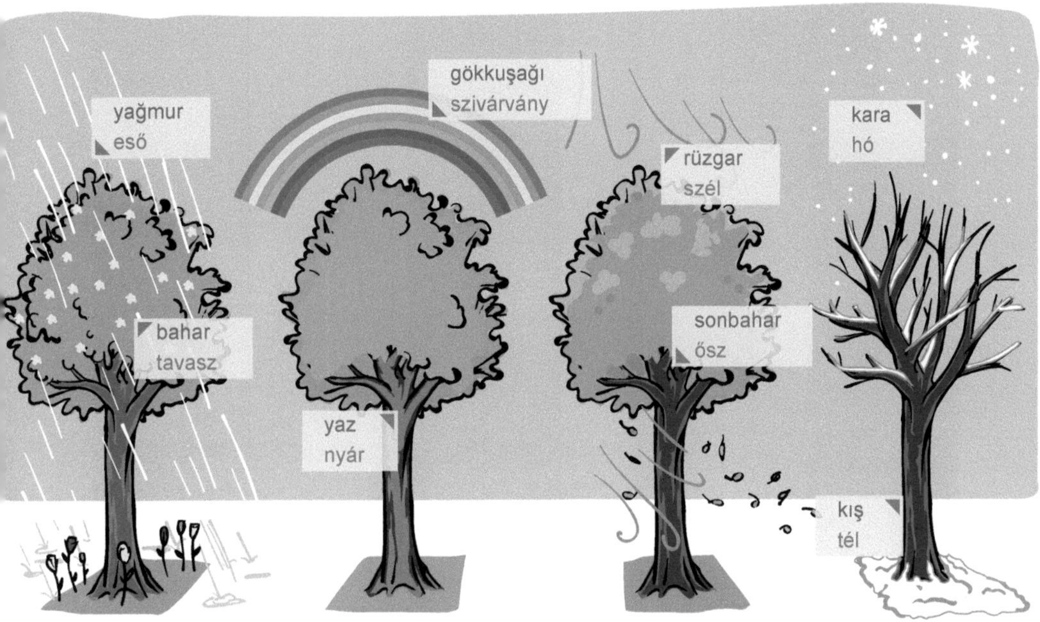

yağmur
eső

gökkuşağı
szivárvány

kara
hó

rüzgar
szél

bahar
tavasz

sonbahar
ősz

yaz
nyár

kış
tél

4.APRIL	11°	☀
5.APRIL	4°	☁
6.APRIL	13°	☔
7.APRIL	8°	☀
8.APRIL	10°	☀

hava durumu tahmini

időjárás előrejelzés

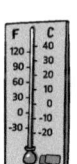

termometre

hőmérő

güneş ışığı

napsütés

bulut

felhő

sis

köd

nem

páratartalom

şimşek

villámlás

gök gürültüsü

mennydörgés

fırtına

vihar

dolu

jégeső

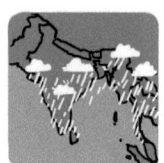

muson

monszun

sel

áradás

buz

jég

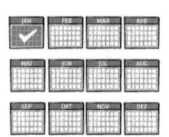

Ocak

január

Şubat

február

Mart

március

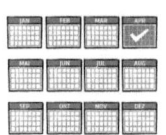

Nisan

április

Mayıs

május

Haziran

június

Temmuz

július

Ağustos

augusztus

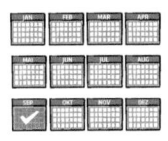

Eylül
....
szeptember

Ekim
....
október

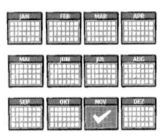

Kasım
....
november

Aralık
....
december

daire
....
kör

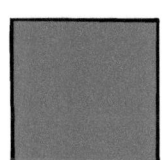

kare
....
négyzet

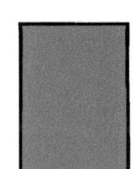

dikdörtgen
....
téglalap

üçgen
....
háromszög

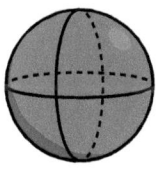

küre
....
gömb

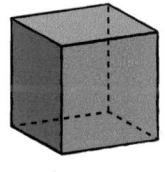

küp
....
kocka

beyaz

fehér

sarı

sárga

turuncu

narancs

pembe

rózsaszín

kırmızı

piros

mor

lila

mavi

kék

yeşil

zöld

kahverengi

barna

gri

szürke

siyah

fekete

çok / az
sok / kevés

kızgın / sakin
mérges / nyugodt

güzel / çirkin
szép / csúnya

başlangıç / son
kezdet / vég

büyük / küçük
nagy / kicsi

parlak / karanlık
világos / sötét

erkek kardeş / kız kardeş
fivér / növér

temiz / kirli
tiszta / koszos

tamam / eksik
teljes / nem teljes

gün / gece
nappal / éjszaka

ölü / canlı
halott / élő

geniş / dar
széles / keskeny

yenilebilir / yenilemez

ehető / nem ehető

kötü / iyi

gonosz / kedves

heyecanlı / sıkılmış

izgatott / unott

şişman / zayıf

kövér / vékony

ilk / son

első / utolsó

dost / düşman

barát / ellenség

dolu / boş

teli / üres

sert / yumuşak

kemény / puha

ağır / hafif

nehéz / könnyű

açlık / susuzluk

éhség / szomjúság

hasta / sağlıklı

betegség / egészség

yasa dışı / yasal

illegális / legális

zeki / aptal

intelligens / buta

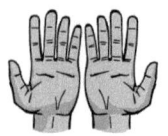

sol / sağ

bal / jobb

yakın / uzak

közel / távol

yeni / kullanılmış

új / használt

hiçbir şey / bir şey

semmi / valami

yaşlı / genç

idős / fiatal

açma / kapama

be / ki

açık / kapalı

nyitva / zárva

sessiz / gürültülü

csendes / hangos

zengin / fakir

gazdag / szegény

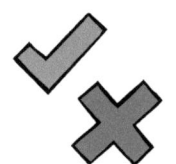

doğru / yanlış

helyes / helytelen

pürüzlü / düz

érdes / sima

üzgün / mutlu

szomorú / vidám

kısa / uzun

rövid / hosszú

yavaş / hızlı

lassú / gyors

ıslak / kuru

nedves / száraz

sıcak / serin

meleg / hideg

savaş / barış

háború / béke

sayılar
számok

0	**1**	**2**
sıfır	bir	iki
nulla	egy	kettő

3	**4**	**5**
üç	dört	beş
három	négy	öt

6	**7**	**8**
altı	yedi	sekiz
hat	hét	nyolc

9	**10**	**11**
dokuz	on	on bir
kilenc	tíz	tizenegy

12

on iki
tizenkettő

13

on üç
tizenhárom

14

on dört
tizennégy

15

on beş
tizenöt

16

on altı
tizenhat

17

on yedi
tizenhét

18

on sekiz
tizennyolc

19

on dokuz
tizenkilenc

20

yirmi
húsz

100

yüz
száz

1.000

bin
ezer

1.000.000

milyon
millió

İngilizce
angol

Amerikan İngilizcesi
amerikai angol

Çince (Mandarin)
mandarin kínai

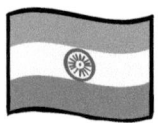

Hintçe
hindi

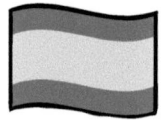

İspanyolca
spanyol

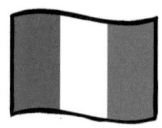

Fransızca
francia

Arapça
arab

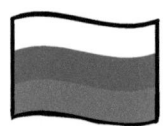

Rusça
orosz

Portekizce
portugál

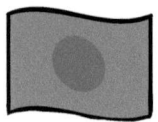

Bengalce
bengáli

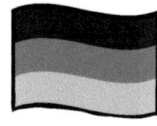

Almanca
német

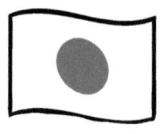

Japonca
japán

ben

én

sen

te

o

ő

biz

mi

siz

ti

onlar

ők

kim?

ki?

ne?

mi?

nasıl?

hogyan?

nerede?

hol?

ne zaman?

mikor?

isim

név

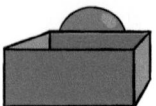

arkasında
....
mögött

içinde
....
benne

önünde
....
elötte

üzerinde
....
felette

üstünde
....
rajta

altında
....
alatta

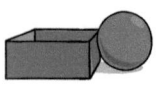

yanında
....
mellett

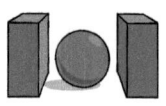

arasında
....
között

yer
....
hely